DU GOUVERNEMENT

D'ALGER.

Imprimerie de J. Smith, rue Montmorency, 16.

DU GOUVERNEMENT

D'ALGER.

PAR

A. E. CERFBERR.

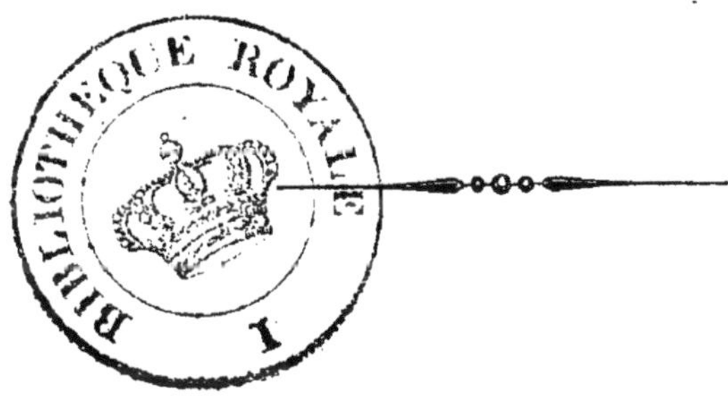

PARIS,

DUMONT, LIBRAIRE, PALAIS-ROYAL, 88;

WITTERSHEIM ET DERENÉMESNIL, RUE MONTMORENCY, N° 16,

Et chez les principaux Libraires de France et d'Alger.

STRASBOURG,

ALP. CERFBERR, RUE DE LÉPINE, N° 11.

1834.

DU GOUVERNEMENT D'ALGER.

§ 1er

On comprend généralement aujourd'hui que, peut-être de tous les événemens qui ont signalé les dernières années écoulées, la conquête d'Alger est l'évènement le plus gros d'heureux résultats. En effet, situé sur la côte septentrionale de l'Afrique, à peu près au même endroit ou régna Carthage, c'est-à-dire sur les bords de la Méditerranée, en face des deux péninsules européennes, vis-à-vis de nos ports, entre le Bosphore et Gibraltar, Alger est à notre porte, et nous le conquîmes au moment même où un prince ambitieux régénère l'Égypte et lance sur les eaux de la Méditerranée les bois de la Syrie. Je ne sais, mais tous ces rapprochemens étourdissent de réflexions ceux qui méditent sur cet objet. On y puise involontairement une prévision vague sans doute, mais forte, mais subjuguante, du rôle qu'un jour Alger doit jouer dans la civilisation moderne et dans les destinées de la France.

La Méditerranée semble être sur le point de devenir le rendez-vous des vaisseaux de l'univers, le bassin du commerce, de l'industrie. Tout semble confirmer dans cette pensée. La Turquie qui s'efface pour faire place à un grand empire, l'Egypte qui se réveille, l'Italie qui se régénère, la Grèce qui sort de ses ruines, l'Angleterre qui domine dans ces régions par Malte et les îles Ioniennes, la France qui aspire à de grandes conquêtes industrielles, les tentatives d'établissement de canaux ou de routes en fer à travers l'Egypte pour accélérer les rapports de l'Inde avec l'Europe, tout fait présager que le terme en approche, et qu'on touche à de grands évènemens sur les rivages de la Méditerranée. On dirait que, comme au moyen âge, mais dans un autre esprit, l'Orient et l'Occident vont se confondre, non plus cette fois par la guerre, mais par l'industrie et le commerce.

C'est en présence d'un pareil avenir que nos armes nous livrèrent la Casauba; mais cette conquête ne doit-elle nous procurer qu'une gloire passagère ou un bénéfice d'un moment? Alger serait-il un gouffre où nous irions ensevelir inconsidérément nos soldats et nos richesses? serait-il une source de bénéfices scandaleux pour quelques employés, ou pour la tourbe de misérables qui se glisse toujours derrière les armées dans les pays vaincus?

Serait-il vrai que ce malheur menace notre possession; que le plan que doit proposer la commission d'Afrique ne sera qu'une édition nouvelle du système d'occupation qui fut suivi jusqu'à ce jour?

Les membres honorables de cette commission n'auraient, suivant les révélations des journaux, compris qu'une vérité importante et seraient sur

le point d'en proclamer une partie. Leur position
critique entre le pouvoir et la France, entre les
partis divers qui se disputent l'empire de l'opinion, en face de la presse, leur défendra sans
doute de dire la vérité tout entière, si toutefois
ils en ont acquis la conscience. Simple et obscur
citoyen, je n'ai point les mêmes raisons de garder
le silence et mes opinions ne courant point le
même péril, je parlerai.

Cette vérité, c'est la nécessité de confier à un
seul homme la haute administration civile et militaire de la Régence. Cette pensée, que j'eus déjà
l'occasion de développer il y a plusieurs mois dans
un journal de province, renferme en effet en elle
tout l'avenir de la conquête ; car, on ne saurait
en douter, le succès du système qui sera suivi dépendra de la constitution du gouvernement et
de la personne qui sera revêtue du pouvoir. L'argent même que l'on y destinera n'aura de valeur
que par la nature du gouvernement et son chef.

Aussi la commission aura-t-elle placé la question sur son terrain véritable en posant pour base

de son rapport que la haute administration sera confiée à un seul homme civil ou militaire ; mais elle devrait aller plus loin et déclarer qu'Alger devra désormais faire un royaume séparé, indépendant de la France, mais lié à celle-ci par des traités indissolubles de paix et de commerce.

Il n'est que trop vrai que la division du pouvoir dans une possession de cette nature assez éloignée du centre d'action, aménerait infailliblement entre l'autorité civile et militaire la jalousie et la discorde. La justice, l'administration tomberaient dans une horrible confusion, dont les moindres conséquences seraient l'incertitude des administrés à l'égard de leurs intérêts et l'impuissance des administrateurs dans l'exercice de leurs fonctions respectives.

Si l'on convenait d'instituer deux chefs, l'un civil et l'autre militaire, il faudrait fixer les limites de leurs fonctions, déterminer leurs devoirs, leurs prérogatives, et, dans le cas d'un danger imminent soumettre les fonctions de l'un aux fonctions de l'autre. En France, où les chefs-lieux de départemens sont si rapprochés de la capitale, une telle division est possible, peut être-même nécessaire ; si elle entraîne des inconvéniens, la centralisation les compense ou les détruit. A Alger cela ne se peut ; car Alger est un pays neuf pour la civilisation moderne, et le mode d'administration qui convient à la France n'est point praticable dans un pays de Musulmans accoutumés au joug d'un Turc.

Mais si la division de l'autorité n'y est point possible, la puissance immense accordée à un seul chef n'entraîne t-elle pas aussi de nombreuses difficultés ?

Le chef que l'on choisira devra réunir les capacités militaires et administratives à la fermeté du caractère. Il devra être à la fois énergique et conciliant. Il lui faudra de l'habileté, du courage, des talens. Il faudra que le gouvernement puisse placer en lui toute sa confiance, sans craindre qu'il en abuse. Certes, il n'est point introuvable en France, cet homme. Parmi les généraux qui brillent au premier rang dans notre armée, il y

en a sans doute qui réuniraient toutes ces qualités, mais il leur manque la jeunesse, car c'est
une mission qui ne peut être confiée qu'à un
homme jeune et capable, afin qu'il en fasse le
but de son existence. Les anciens généraux de
l'empire y seraient précédés par la gloire qui les
illustre; ils y apporteraient de vastes connais-
nances militaires et des plans précieux; mais les
infirmités dont vingt campagnes les accablent
ne leur laisseraient point assez d'années pour ac-
complir leurs desseins. La mort du duc de Ro-
vigo n'en est-elle pas un triste exemple? Puis, di-
sons-le sans détour, ces généraux ont puisé sous
l'empire des maximes gouvernementales qui firent
un malheureux effet dans les divers pays vaincus
qu'ils administrèrent. Or, ces maximes, ces tra-
ditions, ils ne s'en dépouilleront jamais, car ils
sont enfans de cette glorieuse époque, et les ra-
cines de leurs lauriers tiennent encore aux débris
du trône impérial. Est-ce à dire que je leur re-
fuse toute intelligence administrative? Dieu m'en
garde! mais il faut à la tête du gouvernement

d'Alger un chef politique et rusé autant que militaire habile, et c'est ce qui m'autorise à croire, sous ce rapport, le choix embarrassant; car les détours de la politique s'allient rarement avec la franchise militaire. Je suppose néanmoins que cet homme se trouve à l'instant, je soutiens encore qu'il fera trop ou trop peu.

En effet, dépendant du ministère français, il ne pourra rien entreprendre sans l'en prévenir; il ne fera rien sans en subir le contrôle, et l'on sait par quels yeux un gouvernement, un ministère voit à plusieurs cents lieues de distance. Non seulement l'assentiment d'un ministre sera nécessaire pour donner cours à ses desseins, mais encore n'agira-t-il qu'avec les moyens que ce ministre fournira d'après le consentement de ses collègues, l'autorisation des chambres législatives. Il ne pourra destituer aucun fonctionnaire sans une autorisation préalable; et souvent un fonction-prévaricateur, au moyen de protections puissantes dans la métropole, se maintiendra dans ses fonctions malgré le gouverneur. Voilà par conséquent l'exercice de l'autorité supérieure entravé, borné : les grandes entreprises deviennent impossibles.

Que si on investit ce chef d'un pouvoir illimité, le contrôle du ministre sera nul ou à peu près, les favoris du gouverneur s'empareront de toutes les places réservées au seul mérite et aux services rendus en France depuis de longues années. Ne pourrait-on craindre des rivalités entre le ministère et le gouverneur revêtu d'un pouvoir plus étendu que celui de son supérieur immédiat? Des cabales ne se trameront-elles point contre lui? Ne sera-t-il pas en lutte continuelle avec les partis opposés? Or, de deux choses l'une, ou le gouverneur sera trop faible ou trop fort. Dans les deux cas l'avenir de la possession en souffrira, car dans le premier il ne pourra pas agir, et dans le second il agira mal. Ainsi donc, eût-il le génie le plus transcendant joint à l'audace et au courage d'entreprendre bon gré malgré le ministère français, sa position sera tellement précaire, tellement fausse que son génie, son audace, son courage seront infailliblement enchaînés.

Ce serait, au reste, un tort grave de considérer le gouvernement d'Alger comme le commandement d'une armée à la tête de laquelle est un chef qui agit d'après sa propre inspiration et qui, selon le système moderne, n'attend pas pour livrer bataille les ordres du ministère. Alger doit être considéré comme un état qui doit être gouverné en état parce qu'il a ses besoins, ses intérêts propres, sa nationalité. Mais ce n'est pas sous ce point vue qu'il fut considéré ; l'on a persisté à ne voir dans ce pays qu'une colonie occupée par une armée française, comme si un pays habité par de nombreuses tribus pouvait être une colonie !

Ou le gouverneur sera à vie, ou ses fonctions seront limitées, ou enfin, ce qui est plus probable, le terme n'en sera point fixé. Qu'arrivera-t-il ? Dans le premier cas, on revêtira d'avance un homme de fonctions suprêmes sans savoir s'il s'en rendra digne ou s'il en sera capable. On aventurera un pouvoir qui pourra devenir fatal aux intérêts d'Alger et aux nôtres; on investira un citoyen d'une puissance absolue plus étendue peut-être que celle du monarque lui-même. Donc, 1° un gouverneur à vie est impossible. On ne peut non plus raisonnablement limiter les fonctions à un temps déterminé; car si le gouverneur ne remplit pas ses devoirs il faudra bien le remplacer sans avoir égard à l'espèce de bail qu'on aura passé avec lui. 2° Le gouverneur à temps limité est donc également impossible. Reste un gouverneur sans fixation de terme. Mais l'existence de ce gouverneur qui dépend d'un changement de ministère, d'une dénonciation ou de tout autre évènement malheureusement si fréquent en France; qui relève d'ailleurs, par l'exercice de ses fonctions du ministre qui l'a nommé, ce gouverneur n'aura ni le courage, ni la persévérance nécessaires. Toutes ses mesures seront empreintes de la gêne dans laquelle il sera placé, de la fausse position où il se trouvera vis-à-vis de ses supérieurs. A la veille d'être rappelé à tout instant, ainsi que cela s'est pratiqué jusqu'aujourd'hui, s'il a eu la ferme volonté de mettre à exécution un projet plus ou moins habilement conçu, ne tremblera-t-il pas de ne pouvoir le mener à fin avant qu'une destitution l'ait rappelé dans ses foyers? Il faudrait pouvoir garantir au gouverneur que l'on investira de l'autorité suprême, il faudrait, dis-je, lui en assurer l'exercice au moins pendant un certain nombre d'années; mais ainsi que j'ai tenté de le démontrer cela est tout à fait impossible, car les inconvéniens qui en résulteraient seraient hors de proportion avec les avantages.

Difficulté du choix d'un gouverneur relativement aux qualités qu'en exigent les fonctions, d'une part; instabilité, d'autre part: tels sont les inconvéniens attachés à la nomination de ce fonctionnaire.

Je pourrais entrer dans d'autres détails sur les obstacles qu'un citoyen revêtu de ces fonctions éminentes aurait à surmonter dans leur exercice. Je pourrais démontrer que, dans l'impossibilité de rien prendre sous sa responsabilité sans avoir eu préalablement recours aux instructions de la métropole, ses entreprises seront toujours empreintes d'un caractère de gêne qui en entravera la marche. Labourdonnaye et Dupleix, dans les Indes, purent faire de grandes choses, par la raison qu'ils étaient trop éloignés de la France pour subir les instructions du ministère, et qu'ils avaient ainsi la liberté d'agir d'après les inspirations de leur génie. Le futur gouverneur d'Alger devrait jouir d'une liberté semblable afin de modifier son système selon les temps et les circonstances. Cette liberté, il ne l'aura jamais. Enfin les journaux par leurs critiques envenimées ou mal conçues, par l'effet de leur éloignement, donneront aux ennemis personnels du gouverneur une importance qu'il ne pourra combattre, et, loin de lui prêter le secours de leurs lumières, n'est-il pas à craindre qu'ils lui créeront de nouveaux obstacles ?

Ce chef doit pouvoir porter à volonté la guerre chez les tribus voisines qui l'inquiéteraient, et même dans les états voisins qui seraient un foyer de conspiration contre nous. Il faut qu'il puisse contracter des traités de paix et de commerce avec ces tribus et ces états; qu'il s'insinue par une politique adroite et déliée dans leurs conseils; qu'il devienne leur arbitre dans leurs différends; qu'il interdise l'entrée des ports aux vaisseaux européens soupçonnés d'entretenir de coupables intelligences avec l'ennemi. S'il est vrai que les tribus ennemies sont fournies de canons et de munitions de guerre anglais, cette précaution ne serait peut-être pas inutile. Il faudrait qu'il pût disposer de sommes plus ou moins considérables pour les dépenser en présens d'ambassade ou pour gagner quelques chefs influens. A l'égard des Français, l'armée d'occupation devrait lui être entièrement dévouée; il faudrait qu'il pût disposer en conséquence de tous les emplois de cette armée, qu'il pût en nommer ou en révoquer les officiers; accorder aux soldats les récompenses militaires; qu'il eût la haute administration de la justice, c'est-à-dire qu'il pût absoudre ou faire exécuter les coupables; dispenser toutes les grâces et sur l'armée et sur les Européens habitant la colonie.

Quant à ces derniers, il devrait avoir la faculté de leur accorder ou refuser des terres, ou même la simple habitation de la colonie, afin d'en éloigner les nuées d'aventuriers qui s'y abattent journellement. Je ne concevrais pas un gouverneur qui ne serait point libre, dans l'extension la plus absolue du mot, de punir ou de renvoyer un Européen selon le gré de sa volonté. Je comprends que les abus pourront s'en mêler ; mais c'est une condition à subir et voilà ce qui rend difficile l'exercice de ces fonctions.

On conçoit que dans un pays en proie à la guerre civile la plus acharnée, habité à la fois par des Musulmans et des Chrétiens dont les intérêts sont si divers, si opposés ; dans un pays où le despotisme régna toujours et où la liberté ne peut l'y remplacer encore sans danger pour la conquête, le gouvernement doit être ferme, absolu, ses actes prompts et énergiques. Or un homme dont l'existence de gouverneur est précaire parce qu'elle dépend d'un caprice, d'une circonstance imprévue, dont l'autorité est soumise à l'approbation d'un supérieur trop loin placé pour bien voir, placé trop près pour ne pas user du droit de contrôle, cet homme n'exécutera jamais de grandes choses.

Le maréchal Clauzel, dont la capacité administrative égale les talens militaires, avait ainsi compris le gouvernement d'Alger. Il voulut user des droits qu'il croyait inhérens à son pouvoir, qu'en arriva-t-il? le ministère conçut des soupçons, se fâcha et rappela le maréchal. Eh bien! toutes les fois que le chef d'Alger agira de cette manière, il lui en arrivera de même; car il est dans la nature d'un pouvoir quelconque en France de se défier du chef militaire qui sera son représentant sur le sol africain; je dis plus : c'est son devoir.

Que si on investit ce gouverner d'un pouvoir absolu, et qu'on l'assiste d'un conseil composé d'indigènes et de Français, ce conseil, s'il est nommé par le gouvernement français, lui sera supérieur de fait; s'il est nommé par ce chef, le chef lui sera supérieur de droit. Les dispositions de l'un seront toujours contrecarrées par les décisions de l'autre : c'est l'histoire de toutes ces sortes d'institutions. D'ailleurs les conseils qui admettent la liberté de discussion sont impraticables dans les pays neufs où ceux que l'on y appelle ne sont point encore initiés aux théories sociales qui en sont la base. Enfin la différence de langage y serait un obstacle éternel. Si l'on institue deux conseils, l'un européen, l'autre arabe, ou même un seul conseil uniquement composé de Français, ou l'on risque de voir se révéler des jalousies irritantes entre les deux conseils, ou de voir le conseil français se livrer à un arbitraire qui compromettrait notre avenir.

Quelle que soit la manière dont on envisage la nomination d'un gouverneur, elle est entourée de trop d'obstacles pour offrir une complète sécurité. Les entreprises ne seront jamais à la taille de son génie, s'il en a, ou de son courage, s'il est valeureux. Du côté de la France, comme du côté des Arabes, surgiront une multitude de difficultés qui enfanteront les rivalités, la jalousie, les haines, la discorde ; et si même il était assez heureux pour réussir dans ses desseins, qui répondra que son successeur aura le même avantage? Qui répondra encore que cet homme si capable restera assez long-temps gouverneur d'Alger pour faire triompher toutes ses vues? Que ses succès n'enflammeront point la jalousie et n'exciteront pas l'envie des autres généraux qui croiront avoir mérité ses dignités par leurs exploits et les services qu'ils auront rendus à la patrie ?

Qu'on y songe bien ! il y va de l'avenir d'une conquête qui doit nous être chère, puisqu'elle est la plus glorieuse peut-être qui ait jamais illustré nos armes. N'allons pas, par une politique maladroite ou une susceptibilité mal calculée en compromettre la gloire. Nous passons parmi les étrangers pour ne savoir pas conserver ce que nos armes nous ont acquis, prouvons cette fois que ce reproche n'est point fondé !

Mais avant d'aller plus loin, fixons d'abord

le but que la France doit se proposer d'atteindre sur le littoral africain.

Les uns ne voient dans ce pays que l'exploitation d'une colonie, une mine féconde à épuiser. Défricher ou dessécher la plaine de la Mitidjha, rançonner les tribus arabes, dépouiller les indigènes en faveur des Français, multiplier les établissemens industriels, tels sont leurs moyens. Ils n'y voient qu'un débouché pour les produits de nos manufactures, de notre agriculture, de notre industrie ; les autres un réceptacle pour la surabondance de nos populations, et presque tous un champ fertile à exploiter.

Cette erreur, malheureusement presque générale, ne contribue pas peu à obscurcir les idées sur un objet de cette importance. Il faut le dire, nous ne connaissons point en France les moyens de conserver, quelle que soit notre aptitude à conquérir. Je suppose qu'Alger fût tombé aux mains d'un autre peuple de l'Europe, il est certain que ce peuple en eût déjà tiré un parti considérable pour ses intérêts propres comme pour ceux de la conquête. C'est au reste une erreur commune et fort goûtée, que les conquêtes doivent profiter uniquement aux vainqueurs. Cette croyance en tant qu'erreur serait pardonnable si elle n'avait pour résultat d'apesantir le joug des conquérans sur les vaincus; si elle ne faisait voir dans le pays subjugué qu'une matière exploitable; et si elle ne faisait apprécier la conquête que d'après les avantages, les ressources, les richesses qu'elle procure. Ce préjugé, que partagent également tous les peuples conquérans, est cause des malheurs de la Pologne.

Ne nous abusons point! Il existe dans les contrées de la Berbérie un peuple sauvage, mais fier, mais jaloux de sa liberté; ce peuple, nous l'avons subjugué; nous avons porté la terreur, la mort dans ses foyers, il périra plutôt que de subir un joug qu'il déteste d'autant plus qu'il a été pesant et même cruel. Ce peuple n'a point d'armes, il n'a point de généraux, il n'était point accoutumé à la tactique européenne; il ne savait que dépenser son courage en vaines bravades, en inutiles efforts; mais le fanatisme, mais l'amour de l'indépendance en centuplant son courage lui firent trouver du fer pour forger des armes, des chefs pour le commander, et le temps lui enseignera à combattre. Si nous ne le désarmons par une politique plus humaine et plus adroite, aidé de l'insalubrité de son climat, il nous chassera de ses parages, et nos peines seront récompensées par la honte d'être vaincus. Telle fut l'histoire de notre conquête d'Egypte. Alger n'est nullement jaloux de ses vainqueurs, il rêve son indépendance, il se consumera long-temps en efforts inutiles; mais enfin le jour viendra où le succès les aura couronnés. A peine y comptons-nous quelques partisans parmi la population juive; mais peut-on compter sur leur sincérité?

N'est-il pas vrai qu'une conquête n'est autre chose, en quelque sorte, qu'un contrat synallagmatique par lequel, d'une part, le pays vaincu passe sous la domination du pays vainqueur, soit parce qu'il ne renferme pas assez de vitalité pour subsister de sa propre existence, soit parce qu'il n'a pas assez de force pour chasser les hordes de son ennemi; et par lequel, d'autre part, le vainqueur se charge du vaincu en faisant l'échange de sa liberté contre une plus ample portion de bien-être. Dans ce cas, le devoir du vaincu est l'obéissance, celui du vainqueur, la protection. Si l'un des deux viole ses devoirs, l'autre a le droit alors de recourir à la force; malheureux s'il succombe!

Conduits par ce système arriéré, nous n'avons envisagé Alger que comme matière exploitable. Mais non, ce n'est point une exploitation qu'il faut voir dans Alger, c'est un pays à initier aux progrès de la civilisation. Si en poursuivant ce but noble, nous trouvons les moyens de satisfaire nos intérêts, c'est à la politique à en saisir l'occasion ou même à la faire naître. Pourquoi ne pourrions-nous concilier ces deux exigences à la fois, pourquoi n'implanterions-nous pas sur les rivages de la Méditerranée le germe de notre moderne civilisation, en même temps que nous tenterions d'en faire un moyen de développement pour notre industrie et notre commerce. La gloire d'une nation comme celle d'un individu consiste à faire le bien. Or le bien ici, c'est la civilisation des Arabes. C'est d'ailleurs une étroite et mesquine politique que celle qui rapporte tout aux intérêts d'un seul. Ceux qui ne voient que la France dans la question d'Alger font à la fois preuve d'égoïsme et de peu d'intelligence. Le jour où nous arborâmes le pavillon français sur les minarets algériens, nous contractâmes l'engagement solennel de substituer nos lumières à l'ignorance des tribus de ce pays, notre civilisation à leur barbarie, nous ne saurions y manquer sans honte.

Or la manière dont on persiste à résoudre la question d'Alger est entièrement dictée par ce sentiment naturel aux vainqueurs : ce pays a été conquis par nous, il est notre légitime propriété, son sol est notre sol, son peuple est notre peuple à nous, notre possession, notre esclave. Et afin d'exploiter ce sol, de torturer ce peuple on y depêche un agent! Il est vrai que la commission d'Afrique doit proposer des moyens de douceur; mais la nomination d'un gouverneur, nomination qui pose en principe qu'Alger est la propriété de la France, qu'il ne peut avoir d'existence propre, de nationalité; qu'il ne peut vivre que de la substance de notre pays; cette nomination, dis-je, est une contradiction flagrante du système de modération qu'a conçu la commission d'Afrique; car en même temps qu'elle dit: il faudra user d'indulgence, elle fait entendre que cette indulgence n'aura d'effet qu'autant que les Arabes se reconnaîtront sujets de la France. Et cela est si vrai, que ceux des Arabes qui ne s'en avoueraient pas les sujets devraient être considérés comme rebelles, à moins que nous préférions renoncer à nos droits de propriété, de conquête. Il est impossible de se tirer de ce raisonnement: ou la conquête d'Alger constitue ce pays notre propriété, ou elle lui laisse son indépendance de nation. Dans le premier cas, le gouverneur ne peut avoir d'autre mission que de tirer le meilleur profit de cette propriété, dans le second cas, la seule existence de gouverneur viole cette indépendance. Certes, il serait ridicule de prétendre que nos droits sur Alger sont nuls ; mais ces droits ne sont réels qu'autant qu'ils sont compatibles avec la justice comme avec les intérêts de ce pays : or, une législation à part, puisée dans des principes différens de la nôtre, mais conforme à la religion, aux mœurs, aux préjugés des Algériens, sera toujours le caractère de son indépendance ; mais cette législation est incompatible avec un gouverneur français pour législateur ; car le gouverneur d'Alger ne pourrait être que le promulgateur des lois et non le législateur lui-même ; puisque, dans cette hypothèse absurde, le gouvernement français se dépouillerait de sa plus belle prérogative, de celle qui lui assure la plus grande influence dans l'administration du pays conquis : c'est impossible.

§ 2.

Ce que la justice et nos intérêts nous commandent
de faire.

Je propose en conséquence :

1° D'ériger Alger et ses dépendances en état indépendant sous le patronage de la France.

2° La couronne royale ou ducale d'Alger sera décernée à un Français.

3° Sous la garantie et par l'intermédiaire de la France, dès que le gouvernement sera ainsi constitué par le concours des deux pouvoirs législatifs et du pouvoir exécutif, un emprunt de 600,000,000 sera aussitôt contracté suivant les conditions que je développerai plus loin.

4° Des traités de paix et de commerce assureront à la France l'échange exclusif des produits d'Alger, à Alger la protection immédiate de la France.

Je crois prévenir quelques objections en répondant aux questions que je vais poser :

1° A qui décernera-t-on la couronne ; la France

a-t-elle le droit d'imposer un roi à Alger?

Je réponds d'abord à la dernière partie de la question. Sans doute la France a le droit d'imposer à Alger un roi; car la conquête lui a donné des droits incontestables, et si la France a le droit de posséder ce pays, à plus forte raison a-t-elle celui de lui rendre sa nationalité. Le gouvernement pourrait sonder à cet égard l'opinion des habitans d'Alger et provoquer le suffrage des chefs de tribus. Quant à l'autre partie de la question, elle est plus difficile à résoudre, et il ne m'appartient pas de trancher la difficulté. C'est au pays que ce droit appartient. Si les chambres et le pouvoir exécutif conviennent d'ériger Alger en royaume, ils décerneront la couronne à tel prince qui leur plaira Le choix de la personne importe peu à mon système. Pourvu que la royauté nouvelle offre les garanties convenables et nécessaires, mes vœux seront accomplis. Je ne pense pas qu'il y ait disette de prétendans.

Quel que soit le prince qui sera revêtu de la dignité royale, s'il a du bon sens, le cœur droit, du courage et de la fermeté, il remplira toutes les conditions désirables. Car, si un simple général a besoin de génie pour gouverner Alger, un prince peut s'en dispenser. L'éclat qui l'environnera en imposera au peuple, et suffira pour commander le respect. Son inviolabilité assurera l'exécution de ses projets. Autour de lui se rangera une multitude d'hommes de talent et dévoués, dont les lumières, les conseils et l'assistance éclaireront et dirigeront sa volonté. Un grand nombre de généraux habiles, d'officiers, d'administrateurs de toutes sortes suivront la nouvelle royauté et quitteront la France pour l'aider à l'accomplissement de sa mission. A la suite du roi d'Alger se rangeront non plus un seul, mais plusieurs généraux que la nomination d'un gouverneur aurait nécessairement exclus, et dont le concours sera utile à l'exécution des desseins du prince : c'est ainsi que le système que je propose fournirait bientôt à Alger un vaste emplacement pour nos capacités militaires et administratives, dont le nombre excède en France les cadres actuels. Une immuabilité de desseins, si j'ose m'exprimer ainsi, une stabilité de fonctions donnent à un trône une solidité qu'un simple général n'obtiendrait jamais au milieu d'une population neuve, qui s'attache volontiers aux prestiges de la puissance royale. Les Arabes ne manqueraient pas d'être flattés de posséder un roi, et l'espérance d'une nationalité pour leur patrie les attacherait infailliblement à ce nouveau trône. Puis un prince a tant de moyens de récompenser la fidélité, de provoquer le zèle, de reconnaître un acte de courage ou plusieurs années de dévouement ! Ces paroles sembleront peut-être étranges, aujourd'hui qu'en France la royauté n'a plus de prestiges ; mais que l'on se transporte au milieu des Arabes qui la considèrent comme l'image de la divinité, et l'on aura un pressentiment de l'influence qu'elle y exercerait. Ce serait, il est vrai une royauté chrétienne, mais cette royauté chrétienne s'entourerait d'Arabes aussi bien que d'Européens, elle créerait des dignités, des emplois honorifiques, elle protégerait le culte de Mahomet. Une monarchie a encore cet avantage qu'en s'entourant de ministres responsables elle devient une espèce de république sous la domination d'un chef inviolable et immuable. Chaque fonctionnaire participe à l'éclat de la couronne; il n'y a pas de ministre qui ne s'estime autant qu'un prince. A. Alger les ministres s'égaleraient aux beys souverains qui en avoisinent le territoire. Dans les transactions cette égalité de rang serait d'un avantage immense.

L'unité et la perpétuité de vues assureraient à ce gouvernement le succès de ses entreprises. Le roi se trouvant placé au-dessus des intrigues et des cabales, les destitutions n'atteindraient jamais que les ministres choisis indistinctement parmi les indigènes et les Européens, selon les mérites et les capacités.

On m'objectera les dépenses qu'occasioneront la cour et les ministres : quand ces dépenses s'élèveraient à plusieurs millions, j'y trouverais encore une économie; car le luxe du prince est le pain de l'ouvrier. D'ailleurs une partie de la liste civile se dépenserait en présens destinés à gagner les indigènes, ou en travaux profitables aux négocians, aux agriculteurs, aux manufac-turiers, à tous ceux dont l'industrie doit être encouragée. Une république dépenserait moins sans doute ; mais, outre que je tiens l'établissement d'une république impossible à Alger, quoique praticable ailleurs, ce dont tout homme sensé conviendra facilement avec moi, elle n'offrirait pas ainsi qu'une monarchie, un aliment à l'indus-trie par le luxe d'une cour brillante et nombreuse.

Mais, dira-t-on, c'est un pouvoir despotique que vous voulez instituer? Je ne le nie point ; car un gouvernement constitutionnel n'y trou-verait aucun élément, et de même que pour les conseils dont je parlais dans la première partie de cet opuscule, les théories sociales n'y ont en-core point fait assez de progrès pour y instituer des chambres législatives. Mais quelles sont les garanties du peuple contre le despotisme? l'in-térêt de la nouvelle monarchie en préviendra les excès ; car son salut, à elle, c'est l'affection des tribus ; et elle ne peut gagner cette affection que par des procédés humains, nobles, généreux, une politique douce et prévenante.

2° Quelle sera l'attitude des puissances étrangères ; consentiront-elles à ce démembrement ?

Je l'avoue, je n'ai posé cette question qu'en rougissant. Quoi ? nous ne saurions disposer de nos possessions au gré de notre volonté sans le consentement de l'étranger ! Dans la question d'Alger, aucun gouvernement du monde n'a le droit de contrôler nos décisions et nos actes. Si nous voulions rendre ses états au dey que Charles X a dépossédé, sans doute les puissances étrangères ne s'en mêleraient point et n'insisteraient pas afin que nous gardassions notre conquête ; si nous décidions d'offrir la couronne à un prince de la sainte-alliance, elles n'y mettraient pas plus d'obstacles, à plus forte raison n'ont-elles rien à démêler dans cette affaire. Elles pouvaient s'opposer à ce que nous prissions Alger ; mais dès qu'elles y ont consenti, elles ne peuvent nous empêcher d'en user à notre volonté. Si l'Empereur d'Autriche voulait tout à coup démembrer ses états pour donner à plusieurs princes de sa famille quelques-unes de ses couronnes, il n'y a pas un cabinet qui ne s'en réjouît; pourquoi donc la France ne se trouverait-elle point dans un cas semblable. Qui contestera à l'autocrate le droit d'instituer, si cela est son bon plaisir, un royaume de Crimée? Cette objection est donc spécieuse: les puissances étrangères ne peuvent s'opposer à ce que nous fassions un roi d'Alger comme nous ferions un roi de Navarre. Je dis plus, elles y applaudiraient? La possession d'Alger leur inspira de la jalousie, elles craignirent que nous n'étendissions nos armes jusque dans l'intérieur de l'Afrique, que nous ne couvrissions la Méditerranée de nos vaisseaux. Cette décision rassurerait leurs craintes encore vives. Ce n'est donc point une question extérieure; mais une question purement intérieure, et dont la solution dépend de la volonté des trois pouvoirs.

Mais qui fera cette proposition, qui osera proclamer qu'il n'y a de salut pour Alger, et d'in-

térêt pour la France, que dans l'indépendance
de cette partie de l'Afrique constituée en royaume
ou en principauté? Le pouvoir exécutif ne saurait
se charger de cette responsabilité; les pouvoirs
législatifs craindront peut-être de l'assumer sur
eux. La commission d'Afrique, investie d'une si
haute et si importante mission, ne devrait-elle pas
proclamer cette utile vérité à la face de toute la
nation, de toute l'Europe? Qu'elle ait ce courage noble et désintéressé, sa gloire n'en sera que
plus éclatante, alors le pays jugera, il décidera.
L'opinion publique, ce juge suprême rendra son
arrêt irrévocable. Quel qu'il soit, il ne saurait être
injurieux aux membres de la commission d'Afrique qui auraient rempli leurs devoirs; leur conscience satisfaite serait pour eux la plus belle ré-
compense.

3° Le Roi pourra-t-il se maintenir dans ses
états?

On comprend que ce prince arrivant à Alger
avec la ferme volonté d'y faire le bien et de
rendre à ce pays sa nationalité, un parti consi-

dérable, s'il procède habilement, ne tardera pas à se manifester en sa faveur. Dans tout pays habité par des hommes civilisés, la société peut être divisée en deux classes dont l'une se laisse guider par le bon sens : c'est la plus nombreuse ; l'autre ne reçoit d'inspirations que de son intérêt propre : c'est la moins considérable. Or, si je prouve que l'institution d'une monarchie a deux principaux avantages en Alger : celui d'offrir le repos, la tranquillité à la première classe, et un aliment à l'ambition de la seconde, j'aurai détruit l'objection.

Il est évident que l'anarchie est le pire des fléaux dans toute société, et que c'est le mal dont l'Arabe est dévoré dans ses déserts, surtout depuis l'occupation du pays par l'armée française. La monarchie est, si je puis m'exprimer ainsi, anti-anarchique ; le fait de son existence seul tend à ramener l'ordre, à faire triompher la paix. Si un gouvernement offrant des garanties d'une longue stabilité se présente aux tribus arabes avec l'intention et le besoin même de leur assurer la paix et la liberté, l'exercice de leur culte, l'exploitation de leur industrie, ces tribus ne tarderont point à en reconnaître le bienfait; et les hommes sages qu'elles renferment se rallieront au nouveau trône. D'une autre part, les hommes inquiets, ambitieux, à qui les talens et l'activité permettent de remplir d'importantes fonctions, concevant tout-à-coup l'espérance de saisir une partie des rênes de l'état, d'obtenir des honneurs, des dignités, de la fortune, s'empresseront de courir où leur intérêt, cette loi suprême, les appellera. Ainsi donc un parti très considérable ne peut manquer d'étayer le nouveau pouvoir, il sera son appui, sa base; avec son secours ce nouveau pouvoir soumettra ou gagnera les rebelles.

Ajoutez à cela que ce prince sera soutenu et protégé par la France; qu'il aura une armée française assez considérable dans le commencement pour l'étayer de sa force; plus tard et peu à peu, il aura une armée nationale dont il parviendra aisément à se concilier l'affection. Enfin n'aura-t-il pas de l'argent pour fournir, en exécutant de nombreux travaux, un aliment à la cupidité des Arabes?

Mais, continuera-t-on, cette royauté sera étrangère et chrétienne; imposée par des vainqueurs, les Arabes ne consentiront jamais à s'y soumettre. Je réponds à cette objection qu'elle serait bien plus forte encore contre un gouverneur, puisque celui-ci représenterait une domination tout-à-fait étrangère, qui n'aurait rien de national, et qui n'offrirait aucun avantage à la population; j'ajoute que, quant à la monarchie, cette objection n'a de valeur qu'autant que sa politique n'aurait point pour effet de détruire les préjugés et de faire oublier par ses bienfaits qu'elle est d'origine étrangère.

4° N'est-il pas à craindre que le futur roi d'Alger embrassant exclusivement, comme Bernadotte en Suède et Louis Bonaparte en Hollande, les intérêts de son peuple, ne brise entièrement avec la France?

Cette objection serait triomphante si l'on pouvait prouver que les intérêts du futur monarque d'Alger et les intérêts de son royaume seront contraires à la France. En effet, la seule alliance possible entre les états, c'est celle des intérêts réciproques. La France et l'Angleterre si long-temps divisées, se rapprochèrent tout à coup dès que leurs intérêts leur en firent contracter l'engagement. Tant que la France et la Russie eurent des intérêts semblables, leurs cabinets restèrent unis ; l'Espagne, notre alliée depuis Louis XIV, ne nous resta fidèle qu'autant que ses intérêts furent les nôtres, et ce n'est point parce que ce roi lui avait donné un de ses fils, mais bien parce que l'Espagne trop faible désormais pour suivre une allure indépendante dans les affaires européennes, fut obligée de se lier avec nous, qu'il n'y eut plus de Pyrénées. En Alger, c'est la même chose ; Alger érigé en royaume nous sera fidèle tant que ses intérêts politiques et commerciaux l'attacheront à nous. De long-temps le royaume d'Alger ne sera assez puissant, ne renfermera assez de ressources pour adopter une politique franchement indépendante.

Il en est des états comme des individus, les plus faibles recherchent des protecteurs, les plus forts s'associent pour se maintenir ou pour s'agrandir ; tant que le royaume algérien sera trop faible pour se passer de protecteur, sa protectrice naturelle sera la France à qui il devra son existence, qui y conservera un noyau d'armée, qui est sa voisine, et dont les produits variés et nombreux, ainsi que les consommations immenses, lui assurent un échange salutaire de productions, une existence avantageuse. Si d'état secondaire il s'élève au premier rang, quelle sera son alliée la plus sûre, la plus fidèle, la plus proche et la plus puissante ? la France ; car l'Angleterre ne pourrait et ne voudrait que le dominer ; les états italiens, l'Espagne et le Portugal sont trop faiblee, l'Allemagne et les états du Nord sont trop loin : il n'y aura point à balancer. Enfin l'existence d'un monarque et d'une population professant un autre culte que celui de Mahomet, au milieu de plusieurs millions de sectateurs musulmans, les forceront toujours à rechercher l'amitié des Européens; et, dans ce cas, quel est leur allié naturel, si ce n'est le gouvernement français à portée de les secourir, et dont l'amitié sera toujours à elle seule un des plus puissans moyens de domination parmi les populations de l'Afrique?

5° Quels avantages la France retirera-t-elle de la création d'un royaume d'Alger?

Le premier avantage sera celui de ne plus rien dépenser pour l'entretien d'une armée dispendieuse en Afrique, pour une occupation ruineuse. Ainsi premier avantage : économie notable; le second avantage sera de procurer des débouchés à nos produits. En effet, la politique commandera au nouveau pouvoir d'Alger de se ménager l'amitié des états voisins, dont il se fera craindre ou dont il recherchera la bienveillance selon leur degré de force et d'étendue; il tentera de pacifier le pays par la force ou par l'ascendant d'une politique adroite; il pénétrera par ses intelligences jusque dans l'intérieur de l'Afrique, où les produits de nos manufactures, nos productions agricoles suivront les progrès de son influence. En échange de ces productions, nous recevrons les produits de ces contrées et nos vaisseaux en activant cet échange, donneront à nôtre commerce une importance considérable. Deuxième avantage : débouchés pour nos produits.

Qui doutera que le midi tout entier ne se ressente bientôt de ces avantages. Tous nos ports de la Méditerranée féliciteraient le gouvernement d'une détermination qui aurait pour effet d'y apporter d'immenses richesses. Le midi qui se plaint d'être opprimé par notre législation sur les douanes, qui menace de se séparer du nord, le midi y trouverait une compensation prompte et durable; l'agriculture, les fabriques, le commerce y trouveraient un puissant motif de développement; car les productions du nord de la France le traverseraient pour s'embarquer dans le midi, afin d'alimenter les débouchés ouverts par le gouvernement algérien qui gagnerait aussi à l'extension du commerce, en devenant le transit obligé de ces objets de consommation.

Le gouvernement d'Alger offrant toutes les garanties désirables, une multitude d'Européens, de Français irait porter sur le territoire algérien son activité et son industrie. Ce territoire serait mieux exploité et offrirait ainsi un plus grand aliment à notre industrie et à notre commerce : la prospérité d'Alger contribuerait à la prospérité de la France. Un grand nombre d'hommes instruits et capables, dont l'intelligence et les bras ne peuvent être utilement employés en France, y trouveraient des emplois, soit dans l'armée, soit dans l'administration, soit enfin dans une industrie quelconque.

Si on estime à 30 millions nos dépenses annuelles à Alger, on aurait dans l'espace de dix ans une économie de 300 millions que l'on pourrait appliquer à autre chose. D'un autre côté, si on estime à 30 millions les sommes que le nouveau pouvoir versera annuellement en France pour paiement de l'armée française qu'on lui donnera, des produits qu'il emploiera, par les dépenses qu'il fera, on aura 60 millions de bénéfices par an ou 600 millions dans dix ans. En supposant que le gouvernement français ne retire des 30 millions dépensés par le gouvernement algérien que le tiers, ou 10 millions, cela ferait 40 millions par an ou 400 millions au bout de dix ans, dont l'emploi serait utile en France; et lors même, ce qui n'est point probable, que l'établissement du royaume d'Alger n'aurait point procuré l'avantage industriel et commercial que je suppose devoir s'effectuer dans l'espace de dix années, cet avantage serait encore immense.

6° Quelles seront les ressources de ce gouvernement improvisé?

En examinant le système que je propose, on est naturellement préoccupé par le désir de savoir comment cette royauté se maintiendra; si elle ne sera pas à la charge du gouvernement français, si elle pourra subvenir à toutes ses dépenses.

Voici je crois les ressources dont elle pourra disposer. 1° *Exploitation du sol.* — De vastes terrains sont incultes et peuvent produire infiniment, telle est la plaine de la Mitidjha. Ces terrains incultes et abandonnés seront exploités directement par l'état, ou seront vendus à des particuliers ou des compagnies qui les acheteraient, et dont l'exploitation serait imposée de contributions plus ou moins fortes. La production et la consommation raisonnablement imposées contribueraient ainsi d'une part à remplir les caisses de l'état. 2° *Domaines de l'État.* — Ces domaines administrés convenablement suffiraient peut-être à l'entretien de la cour. — 3° *Impôts.* — A mesure que les tribus se soumettraient, on pourrait leur imposer une faible redevance ou du moins en tirer un parti utile à l'état. La prospérité des finances dépendra de la prospérité du commerce, de l'agriculture, de l'industrie, et celle-ci, de l'habileté du pouvoir. Croiton qu'il ne sera pas possible à ce pouvoir de se créer des ressources assez nombreuses pour subvenir à ses dépenses? si, ainsi que cela est probable, il crée aux produits européens des débouchés dans l'intérieur de l'Afrique, une légère imposition mettra bientôt l'abondance dans ses coffres; si, plus tard, à la faveur des communications pratiquées à travers l'Egypte, les produits de l'Inde en traversant la Méditerranée pour passer en Europe séjournent en transit à Alger, croit-on que cette grande activité commerciale ne soit point favorable au trésor de cet état ? Les ressources seront donc nombreuses, et on peut espérer que le gouvernement que je propose d'instituer obtiendra sous ce rapport des résultats heureux (voir la notice sur Alger).

7° Tous les Français ne se trouveront-ils point exclus des emplois et dignités en Alger ?

Cette objection ne peut être sérieuse, puisque le nouveau gouvernement ne pourra se soutenir qu'au moyen de la France et des Français dont les talens et l'industrie lui seront nécessaires.

Moyens d'installation du Gouvernement.

J'arrive au terme de ma course; mais je ne me dissimule point la difficulté d'y toucher : le pouvoir dont je propose l'institution a besoin de se soutenir sans secours extérieurs; où trouvera-t-il les ressources nécessaires à cet effet? J'en ai indiqué quelques-unes; mais ces ressources sont lointaines, et il faudrait qu'elles pussent être immédiates. Le moyen que je vais proposer paraîtra singulier peut-être, je hazarderai néanmoins d'en exposer le plan : il peut y avoir témérité à tout dire, mais il y a lâcheté à se taire.

On conçoit qu'il est impossible d'apprécier les ressources futures de l'état d'Alger puisqu'elles dépendront de circonstances imprévues et de l'habileté de son gouvernement. Cependant il est probable que dans un espace de dix années à dater du jour de son installation, les terres en friche seront cultivées et en plein rapport, le pays sera pacifié et des relations commerciales seront établies avec l'intérieur de l'Afrique. Il est hors de doute enfin que dans ce laps de temps le gouvernement algérien se sera créé des ressources assez nombreuses pour faire face à ses dépenses.

Supposons que la France abandonne tout à coup ce pays, un chef surgira bien vîte et s'emparera de l'autorité. Comment parviendra-t-il a se maintenir ? Cette question est la même pour un roi ou un prince donné par la France, avec cette seule différence que le dernier aura plus de facilité et d'avantages, par la raison qu'il sera appuyé par un grand peuple. Le premier parviendrait certainement à se maintenir ; car il est sans exemple dans l'histoire, qu'un peuple n'ait point renfermé assez de vitalité, soit pour vivre sous la domination de l'étranger, soit pour vivre sous celle d'un chef quelconque. Il est donc incontestable qu'Alger possède les germes d'un avenir prospère ; mais que ces germes demandent à être fécondés et que cette œuvre nécessite plusieurs années de travaux assidus et constans. Le système que je propose a pour but de répondre à cette nécessité.

Je pose pour base de ce système qu'un délai de dix années est nécessaire, afin de laisser au nouveau pouvoir la faculté de s'affermir et celle de se créer des ressources suffisantes.

En prenant pour base la dépense annuelle nécessitée à la France par l'occupation, on aura un terme moyen de 30 millions par an.

Soit en dix ans 300,000,000 que nécessitera le maintien de la nouvelle monarchie; mon intention n'est point de pénétrer dans tous les détails de mon système, mais d'en indiquer les principaux moyens d'exécution, sauf à y revenir plus tard s'il est goûté par la PRESSE, ou par les CHAMBRES, ou par le POUVOIR. J'élève à 150,000,000 les frais d'occupation depuis 1830 jusqu'au moment de l'installation du gouvernement, que je suppose avoir lieu en 1835; somme totale : 450 millions nécessitée pendant l'espace de dix années, dont les intérêts s'éléveront à 150,000,000 environ. J'ai fait abstraction des produits indigènes qui concourront à subvenir aux dépenses nécessaires; c'est donc une somme de 600 millions dont le nouveau gouvernement aura besoin pour se maintenir, étendre ses relations, se créer des ressources dans un espace de dix années. Je propose en conséquence de recourir à un emprunt.

De l'Emprunt d'Alger.

Cet emprunt sera contracté au nom du futur gouvernement d'Alger par la France, à dater du jour où les trois pouvoirs français auront proclamé, par un acte solennel l'indépendance du territoire algérien. La France s'engagera à servir les intérêts de cette somme dans le cas où l'état algérien ne pourrait y satisfaire. C'est en quoi résidera la garantie que donnera la France. De cette manière, l'avenir des prêteurs ne sera point compromis.

J'ai prouvé que cette partie de l'Afrique renfermait de nombreuses ressources ; que tout faisait croire à une haute prospérité sous une domination sage, prévoyante, à l'abri des dangers et des bouleversemens politiques ; il me reste à répondre à une objection que l'on me fera sans doute.

« Si Alger au bout de dix années ne peut pas réaliser un revenu de 60,000,000 par an pour servir d'une part les intérêts de l'emprunt,

qu'il aura contracté ; de l'autre part les dépenses nécessitées par l'administration intérieure et l'existence de la royauté, la France sera
obligée de payer toujours 30 millions de rentes
aux prêteurs, et le nouveau gouvernement sera
forcé d'évacuer le territoire africain. »

Cette objection aurait quelqu'apparence de
vérité, si Alger ne renfermait pas de vastes
terrains incultes, si sa position géographique et
ses rapports avec l'Europe ne tendaient pas à lui
donner une importance telle que ses revenus
augmenteront au-delà de toute croyance. Les
dépenses que j'évalue à 30 millions seront moins
considérables dès que le pays sera pacifié ; et si on
élève la dépense présumable à une somme triple
de celle que faisait le dernier dey, on aura tout
au plus un total de 13 millions par an. Il est
même probable que les dépenses diminueront
bientôt par suite des avantages qu'un gouvernement protecteur, qu'une nationalité indépendante fourniront aux Arabes. Avant l'expiration
de trois années d'existence, le budget des dé-

penses ne s'élèvera pas à la moitié de celui que
nécessite aujourd'hui l'occupation de la Régence ;
car la soumission des Arabes, qui fait en ce moment de rapides progrès, ne pourra que s'étendre
par suite de l'indépendance de la nation algé-
rienne. Ils ne se soumettront plus, ils se rallieront
au pouvoir, attirés par la puissance de leur
intérêt. Afin d'assurer le succès du système que
je propose, j'ai néanmoins porté la dépense
moyenne à 30 millions par an, afin de laisser
plus d'avenir au futur gouvernement. Si d'un
côté les dépenses diminuent, si d'un autre côté
les revenus intérieurs augmentent, l'emprunt ne
sera point épuisé dans dix ans, et les rentes à
payer seront moins considérables. Je ne crois
pas à l'évacuation d'Alger par le gouvernement
qu'on y instituera ; et si cela pouvait être, je
dirais à ceux qui avanceraient cette proposition :
Le capital de 600 millions que je propose
d'emprunter représente une rente perpétuelle
de 30 millions, somme équivalente à celle que
la France dépense annuellement à Alger pour

y laisser périr ses troupes de misère, et les Arabes sous les coups de nos soldats; pour faire languir dans l'inaction des populations nombreuses et industrieuses, un sol qui ne demande que des bras. Si vous ne consentez point à l'évacuation d'Alger, vous chargerez, sans espérance d'y porter remède, la France d'un tribut perpétuel de 30 millions par an. Que vous adoptiez mon système, que vous conserviez le vôtre, il s'agit toujours de l'énorme somme de 30 millions, sans compter le sang que vous ferez verser inutilement. Or, dans la prévision d'une dépense perpétuelle de 30 millions, adoptez un moyen qui donne l'espoir de réaliser d'immenses bénéfices, d'innombrables avantages, et vous aurez du moins tenté tout ce que la raison, l'humanité, le bon sens vous commandaient de pratiquer : adoptez le moyen que je propose. D'ailleurs, dans cet emprunt énorme de 600 millions, vous ne comptez pas 150 millions que la France aurait perdus et qu'elle recouvrera ainsi avec la chance probable de ne plus les perdre ; 150 millions que le gouvernement français appliquera sur le champ à l'industrie, aux travaux publics, à la construction de chemins de fer, au creusement de canaux, à l'érection d'édifices utiles. Ces 150 millions, dans dix ans, auront produit un bénéfice triple des rentes qu'ils nécessiteront, par suite des travaux qu'ils auront soldés. Si le gouvernement algérien prospère, ces 150 millions seront remboursés à toujours ; c'est un capital dont les rentes seront payées par lui, et que nous aurons fait fructifier dans notre pays *. S'il ne prospère pas, le mal ne sera point à déplorer pour notre prospérité intérieure, puisque nous aurons toujours retiré un avantage certain. Ne pourrait-on pas, au reste, appliquer les rentes rachetées de l'amortissement au

* Il faudrait ajouter à ces 150 millions le bénéfice immédiat des intérêts accumulés pendant dix ans, qui auraient profité au gouvernement sans qu'ils lui coutassent la moindre dépense, ce qui éleverait la somme à près de 230 millions en dix ans, qu'il aurait la faculté d'employer à l'exécution d'entreprises industrielles.

paiement de cette dette, dans le cas où le gouvernement algérien n'aurait pas réussi dans dix ans? Prenons donc un parti, ne craignons point d'user du crédit public quand nous avons l'espoir d'en retirer un large profit. Ce n'est point avec des craintes, avec de la pusillanimité que l'on fait de grandes choses : ayons de l'audace, et nous réussirons.

Ainsi, en portant les dépenses occasionées à la France par l'occupation d'Alger à 150 millions.

Les frais d'installation et les dépenses de la 1re année à. . . . . 50 »

Les dépenses de la 2e année (y compris les intérêts des 200 millions précédens) à environ. . . . . 40 »

Les dépenses de la 3e année (y compris les intérêts des sommes précédentes) environ. . . . . 37 »

Les dépenses de la 4e année 25 millions, y compris les intérêts des sommes précédentes, environ. . 39 »

A reporter. . . 316 millions.

Report... 316 millions.

Les dépenses de la 5e année
20 millions, y compris les intérêts
des sommes précédentes, environ.. 36   »

Les dépenses de la 6e année
20 millions, y compris les intérêts
des sommes précédentes, environ.. 37   »

Les dépenses de la 7e année
20 millions, y compris les intérêts
des sommes précédentes, environ.. 40   »

Les dépenses de la 8e année
20 millions, y compris les intérêts
des sommes précédentes, environ.. 41   »

Les dépenses de la 9e année
20 millions, y compris les intérêts
des sommes précédentes, environ.. 44   »

Les dépenses de la 10e année
20 millions, y compris les intérêts
des sommes précédentes, environ.. 45   »

On aura un total de......... 559 millions*

* Dans ce calcul approximatif, j'ai estimé les frais

Ces diverses sommes seront versées de six mois en six mois, excepté les 200 premiers millions qui seront versés sur le champ, ou à des termes rapprochés. Or, les dépenses présumées, y compris les rentes des sommes versées, s'élèveront à 559 millions environ. L'emprunt étant de 600 millions, il restera une réserve de 41 millions exigible dans le cas d'une nécessité reconnue par la France.

Il est vrai que pendant dix ans, et jusqu'à ce que l'emprunt soit entièrement consommé, les rentes des sommes déjà versées se retiendront sur celles à verser. Je n'ai proposé ce moyen que pour faciliter l'emprunt dans le cas où il serait contracté. Cela répondrait au système qui aurait pour but de faire contracter annuellement au gouvernement d'Alger, sous la garantie de la

à 50 millions pour la première année; 30 millions pour la seconde; 25 millions pour la troisième et la la quatrième, et à 20 millions pour les années suivantes. J'ai estimé plus haut la dépense à 30 millions par an, ici à 25; mais il reste une réserve de 41 millions, ce qui produit le même résultat.

France, les emprunts partiels qu'il jugerait nécessaires pour l'année suivante : le résultat serait le même.

Les considérations rapides que je viens d'exposer supposent donc les conditions suivantes :

Le territoire et les dépendances d'Alger étant par suite d'une loi érigés en état indépendant ; le prince étant choisi, désigné d'après son consentement ; les notables d'Alger ayant donné leur adhésion ; un emprunt dit d'Alger, de 600 millions versables par termes et par sommes inégales et fixées d'avance, sera contracté par le nouveau gouvernement avec l'assistance et sous la garantie de la France, sauf les conditions inhérentes au contrat entre les prêteurs et les deux gouvernemens, sauf aussi les traités passés entre lesdits gouvernemens, qui auront pour but d'assurer à la France les avantages commerciaux et politiques qu'elle peut désirer, à Alger la protection qui lui sera nécessaire.

On se demandera peut-être si le gouvernement français trouvera la somme exigible. Mais ce serait s'informer si ce gouvernement ne jouit pas de la confiance publique, s'il a perdu le crédit dont il a joui jusqu'à présent. Le jour où le gouvernement ne pourrait emprunter 600 millions, soit pour couvrir les frais d'entreprises industrielles, soit pour tout autre motif de ce genre, il ne sera plus le gouvernement de la France, il sera expirant; car en 1816, en présence de l'étranger, à une époque de calamités et de malheurs, le gouvernement de la restauration trouva un milliard, et quelques années après, il jeta un nouveau milliard aux émigrés. Je ne vois d'objection possible, relativement à l'emprunt, que dans le mode de réalisation que je propose. Mais ces objections sont peu importantes, puisqu'elles ne peuvent avoir pour effet de détruire le système que je soutiens, les doctrines que j'avance.

CONCLUSION.

J'ai essayé de démontrer, dans la première partie de cet opuscule, l'impossibilité de conserver Alger sous notre domination, par suite de la difficulté de le régir.

Dans la seconde partie, j'ai voulu proposer un système incomplet sans doute, mais consciencieux et dégagé de tout esprit de parti, de toute prévention ; j'ai tenté d'en démontrer la possibilité.

Je soumets mon travail et mon système à la PRESSE, qui perfectionne toute idée neuve ; aux CHAMBRES et au POUVOIR, qui la consacrent.

J'aurais dû peut-être traiter la question de colonisation : j'ai cru que mon système en renfermait la solution.

Coloniser un pays habité est une tentative vaine et chimérique : on ne colonise que des déserts.

Qu'arriva-t-il à l'Amérique que colonisèrent des Européens après la découverte de ce nouveau monde ? L'Amérique fut ravagée par des aventuriers, dépeuplée par le fer et l'avidité des conquérans.

N'imitons point nos pères sur le sol Africain. Gardons nous d'en commettre le sort aux aventuriers qui, s'expatriant, voudraient le cultiver. Les Arabes sont assez nombreux pour remplir cet office ; il ne leur manque qu'une direction ferme provenant d'un pouvoir stable ; s'il leur faut des Européens pour diriger leurs travaux, ce pouvoir les leur fournira.

Je n'exclus point d'Alger les Européens, et surtout les Français que j'y appelle de tous mes vœux, mais s'ils deviennent propriétaires et maîtres, que ce soit en concurrence avec les Arabes. Cette concurrence sera précieuse ; car elle aura pour effet de civiliser les Bédouins et de les accoutumer au travail.

La colonisation ne serait qu'une dépossession dont les conséquences funestes retomberaient plus tard sur la France, et bientôt sur les Européens transplantés dans cette nouvelle patrie, sans appui et sans refuge. On parle déjà de nombreuses expatriations volontaires de la part des Arabes : voudrait-on les multiplier afin de jeter leur patrimoine aux populations désœuvrées, abruties, que l'on versera sur leurs plages? Non ! la colonisation est impossible, si elle ne s'appuie sur un système qui en modère les effets.

Je termine en disant à ceux qui tiennent en ce moment entre leurs mains les destinées d'Alger : « La France n'y pourra jamais maintenir qu'une puissance incomplète ; nous sommes inhabiles à coloniser ; prenez donc un parti énergique qui donne au pays un avenir, aux Arabes l'espérance, à tous la sécurité ; ne craignez point d'ériger la Régence d'Alger en état indépendant : cette détermination ne peut être funeste à la France, puisque tous les avantages lui en seront assurés, et par les garanties qu'elle exigera du nouvel état et par la petite armée qu'elle y entretiendra aux frais du gouvernement algérien. L'emprunt de 600 millions serait-il l'obstacle insurmontable? Qu'est-ce en effet que le capital des 30 millions que vous dépensez annuellement près des avantages infinis qu'il vous procurera? »

Puissent ces réflexions rapides obtenir le suffrage de toutes les opinions : l'esprit de parti, ni des considérations particulières ne l'ont point dicté !

NOTICE SUR ALGER.

Les notions imparfaites que l'on a recueillies jusqu'aujourd'hui sur ce pays rendent malheureusement impossible l'exactitude rigoureuse des calculs; on ne peut hasarder que des approximations.

Le pays est habité par de nombreuses races, dont les principales sont les Kabyles ou Berbères qui ont donné leur nom à la contrée; les Maures et les Juifs. Les premiers sont guerriers et fiers, ils sont industrieux et sobres. Les seconds, paresseux, rusés, jaloux de leur indépendance, sont descendans des vainqueurs de l'Ibérie. N'est-il pas présumable que leur antique génie ne fait que sommeiller, et qu'une politique adroite provoquerait son réveil ? Les derniers, assez nombreux, ressemblent à leurs co-religionnaires de tous les pays : ils joignent l'intelligence au besoin de sortir de l'état abject dans lequel ils ont vécu jusqu'aujourd'hui. Les mœurs simples quoique farouches de ces tribus font espérer, par leur docilité, qu'elles ne sont pas perdues pour la civilisation moderne, si on parvient à les enchaîner par un système adroit et bienveillant. Les trois règnes y fourniraient d'abondantes moissons et de riches produits s'ils étaient habilement exploités. Il est constant que les productions les plus variées y réussiraient à merveille, ainsi que l'affirment les publications les plus récentes. Les rivières qui s'échappent de l'Atlas pour se jeter dans la mer, dans des lacs, où se perdre dans les sables, y seraient autant de moyens de communication.

Nous y entretenons environ 18,000 hommes qui nous coûtent environ 18 millions. Les soldats du dey ne lui en coûtaient pas la moitié. Un gouvernement stable qui parviendrait à créer une armée nationale ne dépenserait pas plus de 7 à 9 millions pour l'entretien d'une armée aussi forte. Notre système d'administration, surchargé d'une multitude d'employés, est très coûteux ; il est certain qu'un pouvoir fondé sur la confiance qu'il inspirera aux Arabes simplifierait les rouages d'une administration trop compliquée, et qu'il économiserait ainsi des sommes considérables. S'il parvient à appliquer les indigènes à la culture et à l'administration, il réalisera cette économie ; car tandis que le cultivateur européen réclamera un salaire de deux francs par jour, l'Arabe se contentera de vingt-cinq centimes. On y compte environ 2 millions d'individus. Il serait peut-être possible d'y faire venir plus tard des noirs de l'intérieur de l'Afrique pour les employer à certains travaux et pour en faire des soldats, dont l'entretien serait peu coûteux et la fidélité à toute épreuve. Le dey percevait environ une somme de 2,500,000 fr. ; mais son autorité excessivement bornée n'avait aucune action sur les tribus de l'intérieur. L'agriculture et le commerce étaient nuls. Si ce dey obtenait 2,500,000 fr. de revenus, combien n'en obtiendrait pas une administration forte et sage ?